CATALOGUE

d'une belle Collection

D'ESTAMPES

ANCIENNES ET MODERNES.

VINCHON, Imprimeur, rue J.-J. Rousseau, n° 8.

CATALOGUE

D'UNE BELLE COLLECTION

D'ESTAMPES

ANCIENNES ET MODERNES,

GRAVÉES A L'EAU-FORTE ET AU BURIN,

Par des Peintres et Graveurs Italiens, Allemands,
Flamands, Hollandais, Français et Anglais,

Premières Épreuves avant la lettre, ou avec remarques,

ET DE QUELQUES DESSINS

Provenant du Cabinet de M. Rinsoli

Dont la vente se fera les lundi 8, mardi 9, mercredi 10 avril 1839, six heures du soir,

HOTEL DES VENTES,

PLACE DE LA BOURSE, N° 2, SALLE DU 1er, N° 3,

Par le ministère de Me REGNARD-SILVESTRE, Commissaire-Priseur,
rue Chanoinesse, n° 11.

Exposition publique le dimanche 7 avril, de onze heures à cinq heures,
et le matin de chaque vacation, de midi à deux heures.

Se distribue à Paris,

Chez DEFER, Marchand d'Estampes, quai Voltaire, n° 19.

—

1839.

ORDRE DES VACATIONS.

Première vacation, *Lundi*. N°s 258, 259, 266 partie ; 238—251 bis, 15, 16, 17, 20; 25—30; 35—39; 42, 43; 54—57; 118, 123, 124; 148—151; 154 à 180, 209, 212, 213, 216, 218.

Deuxième vacation, *Mardi*. N°s 258, 259, 266 partie, 234—237; 7—13; 18, 33; 44—53; 58—91; 116, 117, 228, 229; 131—147; 181—190; 208, 210.

Troisième vacation, *Mercredi*. N°s 258, 259, 266 partie; 252—257; 260—265; 21—24; 32, 34, 40, 41; 92—105; 119—122; 125—130; 152, 153; 191—206; 230—233; 207, 211, 214, 215, 217, 219; 220—227, 1—6, 31.

OBSERVATIONS.

Les numéros entre parenthèses se rapportent au Peintre-Graveur par *Adam Bartsch*, pour les maîtres des Écoles Allemande, Italienne et des Pays-Bas ; et ceux des maîtres Français, au Peintre-Graveur-Français par M. *Robert Dumesnil*.

Le marchand d'estampes dirigeant la vente se charge des commissions des personnes qui ne peuvent y assister.

AVERTISSEMENT.

La collection dont nous donnons ici le catalogue offre une réunion de chefs-d'œuvre de la gravure de toutes les époques et de toutes les écoles. On trouve dans le nombre de ces estampes beaucoup de morceaux avec remarque ou avant la lettre, et dont les épreuves joignent à la beauté la conservation. Plusieurs proviennent des cabinets célèbres de Mariette, de Valois, J. Barnard, Folkes, Nau, Mérard de Saint-Just, Denon, Revil, Poggi. On y distingue, savoir :

École d'Allemagne : des morceaux du *Maître de 1466*, *M. Schongauer*, *Martin Zagel*, *Albert Durer*, *Hollard*, *Wille*, etc.

École d'Italie : Par *Marc-Antoine* : Dieu ordonnant à Noé de construire l'Arche, le Parnasse, la Descente de Croix, la Cassette d'Homère, etc., des morceaux au burin et à l'eau-forte de *Augustin Vénitien*, *J. Bonasone*, *Aug.* et *Anib. Carrache*, etc.

École des Pays-Bas : Les estampes au burin de *Bolswert*, le Couronnement d'épines; de *Pontius*, Portrait de Rubens ; de *C. Visscher*, la Fricasseuse; des eaux-fortes par *Van-Dick*, dont l'*Ecce-Homo*, et le Titien et sa maîtresse ; par *Rembrandt*, la Pièce aux cent florins, la Descente de Croix avant l'adresse, des Paysages, dont celui aux trois arbres, des Portraits, dont le Juif à la rampe, et autres; par *Berghem*, les trois Vaches au repos, le Diamant, etc.

École de France : Des morceaux par *J. Duvet*, par *Callot* ; des eaux-fortes de *Claude le Lorrain*, un grand nombre d'estampes au burin d'après ses plus beaux tableaux, par les plus habiles graveurs de paysages, et formant l'œuvre de ce maître ; par *Edelinck*, la Sainte-Famille, le Portrait de Ph. de Champaigne, de Desjardins ; par *Nanteuil*, Louis XIV, Colbert ; par *Masson*, le Cadet à la perle ; par *Drevet*, Bossuet ; par *de Boissieu*, un grand nombre de pièces à l'eau-forte ; et de belles estampes de Bervic, MM. *Tardieu, Desnoyers, Richomme, Lignon et autres graveurs modernes*.

École Anglaise : Beaux Paysages de *W. Woolett*, dont : les Édifices romains, les Quatre Chasses, la petite Forêt, le petit Moulin, etc. ; des morceaux par *J.* et *C. Heath*, *Landseer*, *Goodall* et autres artistes modernes.

Dessins par Gérard, Pereier, etc.

CATALOGUE

D'UNE BELLE COLLECTION

D'ESTAMPES ANCIENNES ET MODERNES.

BALECHOU (Jean-Joseph), d'Arles, en Provence, a gravé au burin.

1. — La Tempête, d'après J. Vernet. Ancienne épreuve avant les contre-tailles sur l'arc-de-triomphe, l'orage terminé et l'adresse de *Buldet*.

BERVIC (Charles-Clément), de Paris, a gravé au burin.

2. — Groupe du Laocoon, d'après l'antique. Rare épreuve avant la lettre, le nom de Bervic tracé à la pointe. Estampe gravée pour le Musée Français publié par *Robillard, Péronville* et *Laurent*.

BERGHEM ou BERCHEM (Claas *ou* Nicolas), de Harlem, a gravé à l'eau-forte.

3. — La Vache qui s'abreuve (B. 1). 4ᵉ état. — La Vache qui pisse (2), avec l'adresse de *G. Valk*.

4. — Les trois Vaches au repos (3). Première et très rare épreuve avant les montagnes et le ciel terminés. Elle est tachée.

5. — Le Joueur de cornemuse (4). Morceau dit *le diamant*. Belle épreuve du 1er état avant la lettre. Elle a une légère déchirure dans le ciel.

6. — Le Cahier à la Femme, en huit feuilles (B. 41-48). Belles épreuves du 1er état, avant les numéros et d'eau-forte pure. Rare.

Morceaux gravés au burin d'après Berghem, par divers graveurs.

7. — Diversa Animalia, Quadrupedia. Suite de quatre estampes d'après N. Berghem, par *Jean de Visscher*. — Autres scènes diverses par les mêmes, douze estampes.

8. — Les quatre Heures du jour et scène champêtre, etc., d'après N. Berghem, par *Danckert* et *Jean de Visscher*. Cinq pièces, trois avant l'adresse de *F. de Wit*.

9. — La Danse des Bergers, d'après N. Berghem, par *Midimman*.

10. — Le Rachat de l'Esclave — L'ancien Port de Gênes. — La Chasse aux cerfs. Trois estampes d'après N. Berghem, par *Aliamet*. La première avant la dédicace.

11. — Les Satyres et les Dryades, et le Repos champêtre, d'après N. Berghem, par *Le Bas* et *Aveline*.

12. — Marche d'animaux. — Passage du Bac. — Le Temple de la Sybille à Tivoli. Trois estampes d'après N. Berghem, par *Fitler*, *Hulek* et *Daudet*. Une est avant la lettre.

13. — Onze paysages ornés de figures et d'animaux, scènes champêtres, d'après N. Berghem, par *Vivarès*, *Major*, *De Ghendt*, *Aliamet*, *Le Bas*, *Boydell*, et autres.

BOISSIEU (Jean-Jacques DE), de Lyon, peintre et dessinateur, a gravé à l'eau-forte.

14. — Saint Jérôme. (N° 2. Ce numéro et les suivans sont ceux du Catalogue Rigal, par *Regnault de Lalande*.) — Deux Pères du Désert (3). Ancienne épreuve avant le mot *désert*.

— Promenade de Pie VII sur la Saône (5). Épreuve papier de Chine du cabinet *Rigal*. — L'Écrivain public (8). — Les grands Tonneliers (9). — L'Ermitage (11). Première épreuve tirée avant la planche ébarbée. — Intérieur de Ferme (12). — Intérieur de Ferme (13). — Le Maître d'École (14). — La Leçon de Botanique (20). — Fête de Village (21). Première épreuve avant l'astérisque. — Vue du Passage du *Garillano* (31). — Deux épreuves. — Vue du Temple du Soleil (32). — Vue d'*Aqua-Pendente* (33). — Vue du Temple de Vesta (34). — Vue du Sépulcre de *Cecillia Metella* (35). Épreuve papier de Chine. — Vue du Pont Lucano (36). — Vue du Village de Saint-Andéole (41). — Vue sur la rivière de l'Ain (42). Épreuve papier de Chine. — La grande Forêt (55). — Les grandes Vaches (56). — Deux Hommes retirant un noyé de l'eau (57). — Villageois conduisant une charrette sur un pont à trois arches (58). — Des Villageois se reposant au coin d'un bois (59). Première épreuve avant le trait renforcé autour de la composition et sur papier de Chine. — Passage à gué (61). — La Cascade (62). Epreuve papier de Chine. — Le Dessinateur (63). — Paysage traversé par une rivière (64). Deux épreuves, une avant que la morsure de l'étau n'ait été effacée. — La Digue (66). — Entrée de Forêt (71, 72). La dernière avant l'astérisque. — Paysage d'après Vynants (129). Épreuve avant l'adresse d'Artaria. — Passage à gué d'après Berghem (131). — Paysage d'après Ruysdaël (134). Épreuve avant l'adresse d'Artaria. — Le Moulin, d'après Ruisdaël (136). Deux épreuves. — Un Pâtre et un Taureau traversant une rivière (138). — Le Repos des Faucheurs (139). Épreuve sur papier de Chine. — Le Charlatan, d'après Karel Dujardin (140). — Première épreuve avant l'astérisque. — Paysages d'après N. Poussin et Claude Lorrain (141, 142). En tout trente-neuf estampes anciennes et belles épreuves. Cet article sera divisé.

15. — OEuvre de J.-J. de Boissieu. En cent pièces, épreuves tirées sur papier de Chine, ancien tirage. Manquent les deux grandes pièces, la Forêt et les Vaches.

BOLSWERT (Schelte DE), de Bolswert, en Frise, a gravé au burin.

16. — Le Couronnement d'épines, d'après A. Van-Dick. Première épreuve avant les contretailles au vêtement du soldat qui est à la droite.

BOLSWERT (Boëce DE), de Bolswert, en Frise, a gravé au burin.

17. — La Résurrection du Lazare, d'après Rubens. Ancienne épreuve.

BONASONE (Jules), de Bologne, peintre et dessinateur, a gravé au burin.

18. — Les Troyens introduisant dans leur ville le funeste cheval de bois (B. 85), d'après le Primatice. Très belle épreuve.

BOTH (Jean), d'Utrecht, peintre, a gravé à l'eau-forte.

19. — Suite de quatre Paysages en hauteur (B. 1-4). Belles épreuves du 1er état de Bartsch, avec l'adresse de *Matham*. Du cabinet de *M. Revil*.

BOUT (Pierre), peintre des Pays-Bas, a gravé à l'eau-forte.

20. — Les Chasseurs (B. 3). Belle épreuve avec marge.

BROWNE (John), d'Oxford, graveur anglais à l'eau-forte et au burin.

21. — Les Bandits prisonniers, d'après Jean Both. Épreuve avant la lettre.

22. — Jésus prêchant dans le désert, et le Baptême de l'Eunuque. Deux estampes d'après Salvator Rosa et Jean Both. Épreuves avant la lettre.

23. — L'Abreuvoir et le Chariot. Deux estampes d'après Rubens. La dernière est avant la lettre.

24. — Apollon et la Sybille, d'après Salvator Rosa. Épreuve avant la lettre.

Callot (Jacques), de Nancy, dessinateur et graveur à l'eau-forte et au burin.

25. — La Vie de l'Enfant Prodigue. Suite de onze pièces. Belles épreuves avant les numéros. — Le Passage de la mer Rouge. Première épreuve avant le flot rallongé. — La Chasse au cerf. Belle épreuve avant l'adresse de *Silvestre*.

26. — La Tentation de saint Antoine. Ancienne et belle épreuve.

Carrache (Augustin), de Bologne, peintre, a gravé au burin.

27. — Saint Jérôme (B. 75). Très belle épreuve.
28. — Portrait du Titien, peintre (154). Superbe épreuve du 2e état. Elle provient des cabinets *Mariette* et de *Valois*.

Carrache (Annibal), de Bologne, peintre, a gravé à l'eau-forte.

29. — Susanne et les Vieillards (B. 1). Belle épreuve du 1er état, avant la lettre. Elle provient du cabinet *Denon*.
30. — Le Christ de Caprarole (4). Belle épreuve avant l'adresse de *Nicolas Van Aelst*.

Claessens (L.-A.), graveur au burin.

31. — La Femme hydropique, d'après *Gérard Dow*. Rare épreuve avant toutes lettres et sur papier de Chine.

Claude le Lorrain. (Voyez Gelée.)

Cooke (W.-J.), graveur anglais à l'eau-forte et au burin.

32. — *The Bridge of St-Maurice*, d'après *Bonnington*. Épreuve avant la lettre sur papier de Chine.

Cranach (Lucas), de Kronach, en Franconie, peintre, a gravé.

33. — La Pénitence de saint Chrisostôme (B. 1.). Très belle épreuve d'une pièce rare.

Desnoyers (M. Boucher), de Paris, a gravé au burin.

34. — La Vierge, l'Enfant-Jésus et saint Jean, dite *la Belle Jardinière*, d'après *Raphaël*. Ancienne épreuve avant la retouche.

Dick (Antoine Van), d'Anvers, peintre, a gravé à l'eau-forte.

35. — Portrait de Josse Momper, peintre. Première et rare épreuve d'eau-forte pure et avant la lettre.

36. — Jean Snellinx, peintre. Ancienne épreuve avant que les lettres G. H. (*Gillis Hendricx*) n'aient été effacées.

37. — *Ecce Homo*. Très belle et rare épreuve avant les mots *aqua forti*.

38. — La Maîtresse du Titien, d'après *le Titien*. Très belle épreuve avant l'adresse de *Ant. Bonenfant*, avec cinq lignes de marge.

39. — *Icones principum virorum doctorum Pictorum*, etc. *Antverpiæ Gillis Hendricx excudit*. Sans date.

Ce recueil, de l'édition de *Gillis Hendricx*, contient cent trente portraits, dont seulement dix de ceux gravés à l'eauforte par A. Van-Dick, savoir : Portraits de *Van-Dick, Trieste, Snyders, Paul de Vos, G. de Vos, Breughel, Suttermans, Noort, Franck et de Vael*. Quatre-vingts d'après Van-Dick, gravés par Bolswert, Pontius, Vorsterman, Neef, P. de Jode, Lauwers, Clouet, etc.; douze par Hollard, d'après le Titien, le Giorgion, Raphaël, etc.; quatre d'après Lyvens; vingt-trois d'après Van-Dick, de la suite éditée par *Jean Meyssens*, etc. Un vol. in-fol. anc. reliure.

Drevet fils (Pierre-Imbert), de Paris, a gravé au burin.

40. — Portrait en pied de Bossuet, d'après *H. Rigaud*. Ancienne et belle épreuve avant les points après le nom du peintre.

41. — Adrienne Lecouvreur, d'après *C. Coypel*. Ancienne épreuve avant l'*e* au mot *modèle*.

Dujardin (Carle ou Karle), d'Amsterdam, peintre, a gravé à l'eau-forte.

42. — Suite de cinquante-deux pièces représentant divers animaux (B. 1 à 52); anciennes épreuves au titre K. Du Jardin *fec. et excudit A. D. G. Valk et P. Schenk ex*.

43. — Double des nos 4 et 34, la première avant le numéro.

Durer (Albert), de Nuremberg, peintre, a gravé au burin.

44. — La Sainte-Face de Jésus-Christ (B. 25). Belle épreuve.
45. — Vierge à la Poire (41). Très belle épreuve.
46. — Vierge au Singe (42). Très belle épreuve. Il y a au verso de l'écriture en caractère gothique.
47. — Saint Jérôme dans sa cellule (60). Magnifique épreuve d'une des plus belles pièces du maître; elle provient du Cabinet *Poggi*.
48. — Les effets de la Jalousie (73). Belle épreuve.
49. — Le groupe des quatre Femmes nues (75). Belle épreuve avec huit lignes de marge.
50. — Le Violent (92), pièce rare. Très belle épreuve.
51. — Les Offres d'amour (93). Belle épreuve, la marge rapportée.
52. — Le Seigneur et la Dame (94). Très belle épreuve.
53. — Pourceaux monstrueux (95). Très belle épreuve.
54. — Le Chevalier de la Mort (98). Très belle épreuve avec trois lignes de marge.
55. — Les Armoiries à la tête de mort (101). Très belle épreuve avec six lignes de marge.
56. — La Circoncision, n° 1 (82) de la Vie de la Vierge, gravé en bois.

Duvet, dit le Maître a la Licorne (Jean), de Langres, orfèvre, a gravé.

50. — Jean Duvet assis à une table, occupé de l'étude du sens de l'Apocalypse (12). Pièce rare.

Edelinck (Gérard), d'Anvers, graveur au burin.

51. — Sainte-Famille, d'après *Raphael*, première épreuve avant les armes.
52. — Portrait de Desjardins, sculpteur, d'après *H. Rigaud*, épreuve avant l'adresse de *Drevet*.
53. — Portrait de Philippe de Champaigne, peint par lui-même en 1668. Magnifique épreuve du cabinet *Nau*.

F<small>AMEN</small> (Albert), des Pays-Bas, peintre, a gravé à l'eau-forte.

54. — Diverses espèces de poissons de mer, 1re partie (B., 1 à 12). Anciennes épreuves de l'édition de *Van Merlen*.

Poissons de mer, 2e partie (13 à 24). Anciennes épreuves de l'édition *Van Merlen*.

Poissons de mer, 3e partie (25 à 36). Anciennes épreuves de l'édition de *Van Merlen*.

Diverses espèces de poissons d'eau douce, 1re partie (37 à 48). Belles épreuves avant l'adresse de *Van Merlen* et avant les numéros.

Poissons d'eau douce, 2e partie (49 à 60). Anciennes épreuves avant les numéros, à l'exception des n°s 49, 51, 57 et 58, qui sont de l'édition de *Gallays*, avec les numéros effacés.

55. — Livres d'oiseaux, dédié à messire Gilles de Fouquet (81 à 92). Belles épreuves.

F<small>OCK</small> (Hermann), Hollandais, dessinateur, a gravé à l'eau-forte.

56. — Des paysages, entrées de forêts. Deux estampes.

F<small>YT</small> (Jean), d'Anvers, peintre, a gravé à l'eau-forte, en 1642.

57. — Suite de huit chiens (B., 9 à 16). Très belles épreuves du 1er état, avant les travaux éclaircis autour des animaux. Bartsch ne parle pas de cette différence.

G<small>ELÉE</small>, *dit* <small>LE</small> L<small>ORRAIN</small> (Claude), Français, peintre, a gravé à l'eau-forte.

58. — Fuite en Egypte (R. D. n° 1. (*). Belle épreuve du 2e état, avec 9 lignes de marge.

59. — La même estampe, 4e état.

60. — L'Apparition (2). Très belle et rare épreuve du 1er état, avec 15 lignes de marge.

(*) Ce numéro et les suivans sont ceux du Peintre-Graveur Français, par M. *Robert Dumesnil*. 3 vol. in-8° ont paru; le 4° paraîtra dans le courant de 1839. Prix : 6 fr. chaque vol. A Paris, chez Defer.

61. — La Tempête (5). Ancienne épreuve du 4ᵉ état.
62. — La Danse au bord de l'eau (6), ancienne épreuve du 3ᵉ état.
63. — La même estampe, 4ᵉ état, inconnu à M. Robert Dumesnil. On lit dans la marge du bas ces mots : *In the possession du D. Mead N. 44*, tracé du pointe imperceptible.
64. — Le Naufrage (7). Ancienne épreuve du 2ᵉ état, avec un pouce de marge.
65 — Le Bouvier (8). Superbe épreuve du 2ᵉ état, avec 7 lignes de marge.
66 — Le Dessinateur (9). Belle épreuve du 2ᵉ état.
67. — La Danse sous les arbres (10). Belle épreuve du 3ᵉ état
68. — La même ; même état. 6 lignes de marge.
69. — Le Port de mer au fanal (11). Ancienne épreuve du 3ᵉ état.
70. — Scène de brigand (12). Belle épreuve du 3ᵉ état, avec six lignes de marge.
71. — La même estampe, 4ᵉ état. Ancienne épreuve.
72. — Port de mer à la Grosse-Tour (13). Belle et très rare épreuve du 1ᵉʳ état avant le n° 13, avec quatre lignes de marge, quelques taches dans le ciel.
73. — La même estampe, 4ᵉ état.
74. — Le Pont de bois (14). Très belle épreuve du 2ᵉ état.
75. — Le Soleil couchant (15). Magnifique épreuve extrêmement rare du 1ᵉʳ état avant le numéro et la lettre, avec quatre lignes de marge.
76. — La même estampe, 3ᵉ état. Ancienne épreuve.
77. — Le Départ des champs (16). Très belle et rare épreuve du 2ᵉ état, avec six lignes de marge.
78. — Mercure et Argus (17). 1ᵉʳ état avant toute retouche. Rare.
79. — La même estampe, 2ᵉ état avec la retouche.

80. — Le Troupeau en marche par un temps orageux (18). Très belle épreuve du 1er état. Rognée au trait carré.
81. — Le Chevrier (19). Très belle et rare épreuve du 2e état, quatre lignes de marge.
82. — Le Temps, Apollon et les Saisons (20). Belle épreuve du 1er état. Rognée au trait carré.
83. — La même estampe, 2e état.
84. — Berger et Bergère conversant (21). Très belle et rare épreuve du 2e état, avec quinze lignes de marge.
85. — La même estampe, 5e état.
86. — L'enlèvement d'Europe (22). Épreuve du 3e état.
87. — Le *Campo-Vaccino* (23). Ancienne épreuve du 5e état.
88. — Le Pâtre et la Bergère (25). Épreuve du 2e état.
89. — Les trois Chèvres (26). Très belle épreuve du 1er état.
90. — Les quatre Chèvres (27). Très belle épreuve du 1er état.
91. — La même estampe, 2e état.

Morceaux gravés au burin d'après Claude le Lorrain, par divers graveurs.

92. — Les Édifices romains et le Temple d'Apollon; deux estampes, d'après Claude le Lorrain, par *W. Woollett*.
93. — La Tour enchantée, d'après Claude le Lorrain; par *F. Vivarès*. Belle épreuve.
94. — La Vue de Naples, palais Pamphille, la Danse des bergers et l'Enlèvement d'Europe; quatre paysages d'après Claude le Lorrain; par *F. Vivarès*. Anciennes épreuves.
95. — La Marche des animaux et Fuite en Égypte, d'après Claude le Lorrain; par *F. Vivarès*. Belles épreuves; la dernière avant le numéro du recueil de *Boydell*.
96. — Les Bergers et la Danse des bergers. Deux estampes d'après Claude le Lorrain; par *Vilson Lowry*. Épreuves avant la lettre, du cabinet *Mérard de St-Just*.
97. — Descente d'Énée en Italie, d'après Claude le Lorrain; par *J. Mason*. Épreuve avant la lettre.
98. — Les Bergers et la rivière du Pô, en Italie. Deux estampes

d'après Claude le Lorrain ; par *Peak* et *James Mason*. Épreuves avant la lettre du cabinet *Mérard de St-Just*.

99. — Céphale et Procris, d'après Claude le Lorrain, par *Browne*.

100. — L'Adoration du veau d'or, d'après Claude le Lorrain, par *Lerpinière*. Épreuve avant la lettre.

101. — Morning, Mercure et Battus. Deux estampes d'après Claude le Lorrain, par *Goupy* et *Peak*.

102. — L'Arc Constantin, d'après Claude le Lorrain, par *Fitler*. Épreuve avant la lettre, du cabinet *Mérard de Saint-Just*.

103. — Vue du port de Messine, par *Ph. Le Bas*. Épreuve avant la lettre. — Ruines par *Morin*, et deux pièces du cabinet *Choiseul*. Quatre estampes d'après Claude le Lorrain.

104. — Le Temple de Vénus et la Danse des bergers. Deux estampes d'après Claude le Lorrain, par *Gmelin*. Anciennes épreuves.

105. — Acis et Galatée et la fuite en Égypte. Deux estampes, d'après Claude le Lorrain, par *Gmelin*.

106. — Fuite en Égypte, la nymphe Égérie, Céphale et Procris, Apollon et Mercure, le Jugement de Pâris. Cinq estampes d'après Claude le Lorrain ; par *Volpato*, *Poretta* et *Testa*.

107. — Deux des Heures du jour, le midi et la nuit, d'après Claude le Lorrain, par *Haldenvang*. La première est avant la lettre.

108. — Douze paysages, d'après les tableaux de Claude le Lorrain qui sont en Angleterre, gravés par *Vivarès*, *Mason*, *Major*, *Canot*, *Wilson*, etc., dix du Recueil de Boydell.

109. — Six paysages gravés d'après les tableaux de Claude le Lorrain, par *Haldenwang*, *Duparc*, *Bovinet*, *Godefroy*, etc., tirés du Musée Français. Trois sont avant la lettre.

Giler (W.), graveur anglais à la manière noire.

110. — *Painter*, d'après A. Cooper.

Gibbon (Benjamin), graveur anglais à l'eau-forte et au burin.

111. — *The twa Dogs*, d'après *Edwin Landseer*. Épreuve avant la lettre, papier de Chine.

112. — *Fireside Party*, d'après *Edwin Landseer*. Épreuve avant la lettre, papier de Chine.

113. — Groupe de cinq chiens autour d'un foyer de cheminée, d'après *Edwin Landseer*. Épreuve avant la lettre, papier de Chine.

Goodall (Edwin), graveur anglais au burin.

114. — Vue de Cologne, d'après *Turner*. Rare épreuve avant la lettre, papier de Chine.

Graves (Robert), graveur anglais au burin.

115. — L'amour de la pêche, d'après *Th. Lane*. Épreuve avant la lettre, papier de Chine.

Grobon (Michel), dessinateur amateur de Lyon en 1800, imitateur de Boissieu, a gravé à l'eau-forte.

116. — Intérieur de forêt, première et très rare épreuve avant la lettre, sur papier de Chine.

Hollard (Wenceslas), de Prague, dessinateur, a gravé à l'eau-forte en 1649.

117. — Lièvre mort, d'après *P. Boël*. Très belle épreuve du cabinet *Van-Puten*.

Heusch (Guillaume de), peintre, a gravé à l'eau-forte.

118. — Le pélerin et le berger (B. 7.), très-belle et rare épreuve, avec trois lignes de marge. *Les eaux-fortes de de Heusch sont d'une extrême rareté.*

Heath (James), graveur anglais au burin.

119. — Portrait en pied de Wasingthon, d'après *Stuart*. Épreuve avec la lettre grise; rare.

120. — Portrait de sir Joseph Racliffe, d'après *Owen*. Épreuve avec le titre tracé à la pointe et sur papier de Chine; rare.

HEATH (Charles), graveur anglais au burin.

121. — La querelle des amans, d'après *Newton*. Épreuve avant toutes lettres, sur papier de Chine.

HALDENWANG (C.) de Bade, graveur au burin.

122. Le torrent, paysage d'après *Ruisdaël*. Épreuve avant toute lettre, les noms à la pointe. — Diogène jetant son écuelle, d'après *N. Poussin*. Ces deux estampes font partie du *Musée Royal*.

P. V. H. et JONKHER, dessinateurs et graveurs à l'eau-forte.

123. — Le chien enchaîné et couché (B. 9.). Épreuve du deuxième état avec l'adresse de *N. Visscher.* — Les trois lévriers (B. 11.). Deux estampes anciennes épreuves.

LAEER, dit LE BAMBOCHE (Pierre DE), peintre, a gravé à l'eau-forte.

124. — Les chevaux (B. 2.). Belle épreuve.

LAUGIER (Jean-Nicolas), graveur au burin.

125. — Zéphyre se balançant, d'après *Prud'hon*. Épreuve avant toutes lettres, sur papier de Chine. Estampe gravée pour la société des Amis des Arts.

LANDSEER (Thomas), graveur anglais à l'eau-forte et au burin.

126. — *Intruding Puppies*, d'après *Edwin Landseer*. Épreuve lettre grise, papier de Chine.
127. — La même estampe avec la lettre, papier blanc.
128. — *Rat-Catching*, d'après *Edwin-Landseer*. Cette estampe gravée par Thomas et John Landseer.

LIGNON (Frédéric), de Paris, graveur au burin.

129. — Portrait de mademoiselle Mars, d'après *Gérard*. Rare épreuve avant toute lettre et avant les couronnes, sur papier de Chine.

LORICHON (Constant), de Paris, graveur français au burin.

130. — Portrait de George Cuvier, d'après M. *Jacques*. Épreuve avant la lettre, papier de Chine.

Maître de 1466, vieux graveur allemand.

131. — Saint George (B. 78). Belle épreuve.
La lettre Y (95). Belle épreuve.

Maître au Dé et Augustin Vénitien.

132. — La Fable de Psyché, d'après *Raphaël*. Suite de 32 estampes (39 à 70 B.). Dix de ces estampes sont avant l'adresse de Salamanque. Manque à cette suite les n°ˢ 9 et 16.

Mantegna *(André)*, de Mantoue, peintre et graveur.

133. — Bacchanale au Silène (20). Belle épreuve.

Marc-Antoine Raimondi, de Bologne, dessinateur et graveur au burin.

134. — Dieu ordonnant à Noé de construire l'arche (B. 43) (*), d'après *Raphaël*. Superbe épreuve d'une belle et rare estampe. *Cette épreuve a été coupée de 10 lignes dans le haut et de 6 lignes du bas de l'estampe, le reste de l'estampe est parfaitement conservé.*

135. — Descente de la Croix, d'après *Raphaël* (32). Très belle épreuve, des cabinets *John Barnard* et *Folkes*.

136. — Le Martyre de sainte Félicité (117); épreuve de la seconde planche où l'oreille de la sainte est apparente, décrite par Bartsch comme copie A.

137. — Alexandre faisant serrer les livres d'Homère (207). Très belle épreuve.

138. — L'Enlèvement d'Hélène (209), d'après Raphaël. Belle épreuve.

139. — Deux Faunes portant un enfant (230), d'après l'antique. Belle épreuve.

140. — Le Parnasse (247), d'après *Raphaël*. Superbe épreuve bien conservée.

(*) Cette estampe et les neuf suivantes sont premières épreuves avant tout nom d'éditeur.

141. — Jeune et vieux Bacchans, d'après *Raphaël* (294). Belle épreuve.

142. — La même estampe (294). Belle épreuve.

143. — Galatée (350), d'après *Raphaël*. Ancienne épreuve.

144. — Adoration de la Vierge (637), n° 17 de la vie de la Vierge, d'après *Albert-Durer*.

MASSON (**Antoine**), de Thoury, près d'Orléans, dessinateur et graveur au burin.

145. — Portrait du comte d'Harcourt, dit le *Cadet à la Perle* (34). Première épreuve avant le 4 dans la marge à gauche.

MUSIS, dit AUGUSTIN VÉNITIEN (Augustin DE), de Venise, dessinateur et graveur au burin.

146. — La Nativité, d'après J. Romain (17). Pièce rare.

NANTEUIL (Robert), de Reims, peintre, dessinateur et graveur.

147. — Portrait de Louis XIV, 1676. Belle épreuve.

Portrait de Colbert, 1676. Belle épreuve.

PONTIUS (Paul), d'Anvers, dessinateur et graveur au burin.

148. — Le portrait de *P.-P. Rubens*, d'après ce maître. Belle épreuve du cabinet *Mariette*.

149. — Portrait d'Henri Van-den-Berghe, d'après *Van-Dick*. Très belle épreuve avant l'adresse de *A. Bonenfant* et avec le mot *catholoci*, après le *cum privilegio regis*. Du cabinet *Dufresne*.

POTTER (Paul), d'Enkhuisen, peintre, a gravé à l'eau-forte.

150. — Le Vacher (B. 14). Ancienne épreuve du 11ᵉ état, avant l'adresse de *F. de Wit*.

PHELPS (Joseph), Anglais, graveur au burin.

151. — *Fisherman on the Look-Out*, d'après Collins. Épreuve avant la lettre, papier de Chine.

152. *Searching the Net*, d'après Collins. Épreuve avant la lettre, papier de Chine.

RAIMONDI (*voyez* MARC-ANTOINE).

REMBRANDT (Paul Van Rhyn, *dit*), des environs de Leyde, peintre, a gravé à l'eau-forte.

153. — Portrait de Rembrandt, orné d'une plume (Bartsch, n° 20).

154. — Portrait de Rembrandt, à cheveux courts et frisés (26). Ancienne épreuve sans le nom de *Rembrandt*.

155. — Adam et Ève (28). 1er état.

156. — Le Sacrifice d'Abraham (35). Très belle épreuve.

157. — Jacob racontant ses songes devant sa famille (37). Belle épreuve du 1er état.

158. — Jacob pleurant la mort de son fils Joseph (38). Belle.

159. — Le Triomphe de Mardochée (40). Belle.

160. — L'Annonciation aux Bergers (44). Très belle épreuve du 2e état, avec quinze lignes de marge.

161. — Adoration des Bergers (46). Belle épreuve du 3e état.

162. — Fuite en Égypte (55). Belle.

163. — Jésus prêchant, ou *la petite Tombe* (67). Ancienne épreuve du 3e état.

164. — La Pièce aux Cent Florins (74). Ancienne épreuve du 2e état de Bartsch. Elle vient du cabinet de *Sir Josué Reynolds*.

165. — L'Ecce Homo (77). Belle épreuve du 3e état.

166. — La Descente de Croix (81). Belle épreuve du 2e état, avant l'adresse.

167. — La même estampe (81). Belle épreuve du 3e état.

168. — Les Trois Croix (78). Belle épreuve du 4e état, avec l'adresse de *Franz Carrette*.

169. — Jésus en croix entre les larrons (79). Belle épreuve du cabinet *Gavet*.

170. — Pierre et Jean à la porte du Temple (94). Très belle épreuve du 2e état.

171. — Saint Pierre (96). Belle épreuve d'une pièce rare.
172. — Baptême de l'Eunuque (98). Belle.
173. — Saint Jérôme (100). Très belle épreuve.
174. — Saint Jérôme (103). Très belle épreuve du 2ᵉ état.
175. — Chasse aux Lions (114). Belle.
176. — Les Musiciens ambulans (119). Belle.
177. — Le Maître d'Ecole (128). Belle.
178. — Un Philosophe en méditation (147). Morceau très rare.
179. — Le Cochon (157). Belle.
180. — L'Espiègle (188). Ancienne épreuve du 3ᵉ état.
181. — Vue d'Omval, près d'Amsterdam (209). Belle épreuve doublée.
182. — Paysage aux trois Arbres (112). Très belle épreuve d'un des plus beaux paysages de Rembrandt ; elle est doublée.
183. — Paysage au Dessinateur (219). Belle.
184. — La Chaumière et la Grange à foin (225). Au dos est écrit : *superbe épreuve, Bartsch.*
185. — La Chaumière au grand Arbre (226). Pendant du précédent paysage.
186. — L'Obélisque (227). Belle épreuve.
187. — La Barque à la voile (228).
188. — Le Moulin de Rembrandt (233). Belle épreuve.
189. — Campagne du Peseur d'or (234). Morceau rare. Très belle épreuve.
190. — Le Canal avec les Cygnes (235). Belle épreuve.
191. — Homme sous la Treille (257). Belle épreuve.
192. — Vieillard à grande barbe et à bonnet fourré (262). Belle épreuve.
193. — Homme à barbe courte et à bonnet fourré (263).
194. — Vieillard à barbe carrée (265). Très belle épreuve.
195. — Portrait de Clément de Jonghe (272). Ancienne épreuve du 4ᵉ état.
196. — Portrait de Jean Lutma (276). Ancienne épreuve du 2ᵉ état.

197. — Éphraïm Bonus, dit le *Juif à la rampe* (278). Belle épreuve du 2ᵉ état.

198. — Jean Sylvius (280). Ancienne épreuve.

199. — Utemborgaerd, dit le *Peseur d'or* (281). Épreuve vigoureuse tirée sur papier du Japon. Du cabinet *Poggi*.

200. — Portrait de Coppenol (283). Belle épreuve du 2ᵉ état.

201. — Vieillard à grande barbe (290). Très belle épreuve.

202. — Vieillard à barbe carrée (313). Belle épreuve.

203. — La grande Mariée juive (340). Belle épreuve du 3ᵉ état.

204. — Femme à grande cornette (359).

205. — Griffonnement avec un arbre (372).

RICHOMME (M. Théodore), de Paris, graveur au burin.

207 — Ste-Famille, d'après *Raphaël*, épreuve avant toutes lettres, sur papier de Chine, estampe gravée pour le Musée Royal, publié par *M. H. Laurent*.

ROSA (Salvator), peintre, a gravé à l'eau-forte.

208 — Saint Guillaume, ermite (B. 1.), Démocrite (7); deux estampes, anciennes épreuves.

SAVRY (Salomon), Hollandais, graveur à l'eau-forte et au burin.

209 — Le bon Samaritain, copie trompeuse de l'estampe de *Rembrandt*; épreuve avant le nom de Savry et celui de Rembrandt dans la marge du bas ; rare.

SCHONGAUER (Martin), de Colmar, peintre et graveur.

210 — Jésus-Christ au milieu de six anges (B. appendice n° 6). Très-belle épreuve du cabinet *Durand*.

SCOTT (John), graveur anglais au burin.

211 — *Pincher*, d'après Cooper.

SUANEVELT (Herman Van), peintre Hollandais; il a gravé à l'eau-forte.

212 — Les pénitens, suite de quatre estampes (B. 107 à 110.), manque 109. Mort d'Adonis (106) quatre estampes; premières épreuves avec les mots *fecit et excudit*.

Stoop (Roderigues Dirick ou Théodoric), peintre, a gravé à l'eau-forte.

213 — Suite de chevaux; les n°⁸ 1, 2 et 3 de B. La deuxième et troisième épreuves avant les n°⁸ 1 et 3, et avec l'adresse de *Clément de Jonghe*.

Tardieu (M. Alexandre), de Paris, graveur au burin.

214 — Saint Michel, d'après *Raphaël*, épreuve avant toute lettre. Pièce gravée pour le *Musée Français*.

Turner (J. M. W.), peintre anglais.

215 — Collection de vingt vues des sites les plus remarquables d'Angleterre, gravées d'après les aquarelles de *Turner*, par les meilleurs graveurs d'Angleterre, épreuves tirées sur papier de Chine, très bel ouvrage, rare en France. Un vol. in-folio obl., dem. rel.

Visscher (Corneille de), Hollandais, dessinateur et graveur à l'eau-forte et au burin.

216 — La Fricasseuse ou Faiseuse de beignets, 1ʳᵉ épreuve avant l'adresse de *Clément de Jonghe*. Elle est rognée au trait carré.

Vivares (François), de St.-Jean-de-Bruel en Rouergue, graveur à l'eau-forte et au burin.

217 — *Evening* et *Morning*, Paysages d'après *Zuccarelli*, *Patel*, etc. Six estampes. Anciennes épreuves.

Waterloo (Antoine), Hollandais, peintre; il a gravé à l'eau-forte.

218 — Alphée et Aréthuse (B. 125). Agar consolée par l'Ange (132). Elie dans le désert (136). Trois estampes, très-belles épreuves.

Wille (Jean-George), de Kœnigsberg, dessinateur et graveur au burin.

219 — Instruction paternelle, d'après *Terburg*, très-belle épreuve.

WARREN (C.), graveur anglais au burin.

220 — *Silent the quest Surveged the crowd* (vignette par Guy-Mannering), d'après D. Wilkie. Épreuve avec le mot Proof. Cette vignette, remarquable d'exécution, est très rare même en Angleterre; une épreuve a été vendue à la vente de M. Boulle en 1830, 38 fr.

WOOLETT (William), de Maidstone en Angleterre, graveur au burin.

221. — Les Édifices romains, d'après Claude le Lorrain. Très belle et rare épreuve avant la lettre.

222. — *The Pointer*, le Chien d'arrêt, d'après Stub. Rare épreuve avant la lettre.

223. — Intérieur de Forêt, d'après le Guaspre Poussin; pièce dite la *petite Forêt*. Rare épreuve avant la lettre, les noms d'auteurs tracés à la pointe.

224. — Scène de comédie, morceau connu sous le titre du *Petit Moulin*, d'après *Richard*. Epreuve avant la lettre, les noms tracés à la pointe.

225. — Les quatre temps de la Chasse, d'après Stubb. Épreuves avant la lettre, les noms tracés à la pointe.

226. — Macbeth, d'après Zuccharelli. Belle épreuve.

227. — Les Dessinateurs et les Bergers; deux estampes d'après Smith de Chichester. Belles épreuves.

M. Z. *dit* ZAGEL (Martin), ancien graveur allemand.

228. — Saint Christophe (B. 7). Très belle épreuve.

229. — L'Embrassement (B. 15). Au verso est écrit : *Superbe épreuve, A. Bartsch.*

ESTAMPES

PAR ET D'APRÈS DIVERS MAITRES.

230. — *Ecce Homo* (77). Ancienne épreuve.

231. — Pièce aux cent florins (74), par *Rembrandt*. Belle épreuve du 2e état.

232. — Utemborgaerd, dit le Peseur d'or (281), par Rembrandt Épreuve sur papier du Japon.

233. — Portrait de Philippe de Champaigne, d'après ce maître, par *G. Edelinck*. Belle épreuve un peu endommagée au coin.

234. — Baptême de saint Jean, par *Bonasone*; Mars et Vénus, par *Marc-Antoine*; l'Enlèvement d'Hélène, par *Marc de Ravenne*; l'Annonciation, par *Caraglio*, etc. Neuf estampes de l'école d'Italie.

235. — Huit estampes, école de Fontainebleau, composition du Parmesan, etc.

236. — L'Ecole d'Athènes, d'après *Raphaël*, par *G. Mantuan*. Atelier de Bandinelli, par *Eneas Vicus*, etc. Vingt estampes de l'école d'Italie.

237. — Neuf pièces gravées en bois, dont le Triomphe du Christ, d'après *le Titien*.

238. — Douze pièces gravées à l'eau-forte, par *Rembrandt*, dont l'Annonciation, Tobie et l'Ange, etc.

239. — Dix-sept pièces, gravées à l'eau-forte par *A. Van Ostade*: et cinq d'après lui.

240. — Paysages, par *Waterloo*, 12 pièces. Animaux, par *Karel Dujardin* et *Berghem*, 12 pièces.

241. — Vingt-cinq pièces, d'après *Albert Durer*, *Rembrandt*, *Wouvermans*, etc.

242. — Fac similés de dessins de Claude Lorrain, par *R. Earlom* et *Knapton*.

243. — La Solitude et la Cascade, d'après le Guaspre Poussin, par *Browne*, deux estampes. Épreuves avant la lettre.

244. — Sépulcre du Poussin, Renaud et Armide, deux estampes, d'après N., et Guaspre Poussin, par *Gmelin*.

245 — Mercure et Battus, Sacrifice d'Abraham, intérieur de forêt et les Bergers; quatre estampes, d'après Guaspre Poussin, par *Parboni*.

246. — Deux paysages, d'après le Guaspre Poussin, gravés par *Midimmam* et *Godefroy*. Épreuves avant la lettre.

247. — Quinze paysages gravés d'après les tableaux du Guaspre Poussin qui sont en Angleterre, par *Vivarès*, *Major*, *Granville*, *Châtelain*, *Wood*, *Mason*, etc. Quatorze font partie du recueil de Boydell.

248. — Paysages d'après Salvator Rosa, Jean Both, etc.; quatre estampes, par *Fitler*, *Fortier*, *Niquet* et *Aveline*.

249. — Cinq paysages gravés d'après *Ruisdaël*, *Rembrandt*, *Moucheron*, *Decker*, etc., par *Le Bas* et autres.

250. — Pyrame et Thisbé, d'après *N Poussin*, par *Goupy*.

251. — Chasse au sanglier, d'après *Sneyders*, par *Zant*.

251 bis. — Paysages, scènes champêtres et pastorales, gravés à l'eau-forte par *Kolbe*, et sur ces compositions.
Cet article sera divisé.

251 ter. — Ivy Bridge, Devonshire, d'après *Turner*, par *Allen*. Épreuve avant la lettre, papier de Chine.

RECUEILS.

252. — *Portraits of the Winning Horses of the great Saint-Leger Stakes, at Doucaster, from the year 1815, to the present year inclusive. London fuller*, in-fol. douze planches coloriées.

253. — *Hunting, Coursing, Schooting*, trois cahiers in-fol. contenant chaque, quatre sujets de chasse coloriés, *London, Ackerman.*

254. — *The British Sportsman, by Samuel Howit, containing seventy plates. London* 1812. Un vol. in-4°, demi-reliure.

255. — *A new Work of Animals principally designed from the Fables of Æsopus, Gay, and Phædrus, containing fifty six plates drawn from the life and etched by Samuel Howit. London,* 1811, in-4°, demi-reliure.

256. — Études d'animaux gravées à l'eau-forte par Howit. Un vol. in-4° oblong, 45 planches.

257. — Recueil de Lions, dessinés d'après nature par divers maîtres et gravés par Bernard Picard. *Amsterdam,* 1729. Un vol. in-4° relié en veau, 36 planches.

258. — Cent vingt pièces détachées du cabinet *Lebrun*, épreuves avant la lettre. Cet article sera divisé.

259. — Cent cinquante pièces détachées de la galerie du Palais-Royal, par Couché; épreuves d'artistes avant la lettre, tirées sans les cadres.

260. — Le Peintre-Graveur, par *A. Bartsch.* Vienne, 1803 et années suivantes, 11 vol. in-8° brochés, contenant les maîtres flamands et hollandais (1 à 5) et les maîtres allemans (6 à 11). Ces deux parties complètes.

261. — Catalogue de l'œuvre de Lucas de Leyde, par A. Bartsch. Vienne, un vol. in-8° broché.

DESSINS.

261. — Quatre dessins à la plume et au bistre, par *Rembrandt, Ostade, Livens,* etc.

262. — Un portrait d'homme; dessin à plusieurs crayons, par *Dumoustier.*

263. — Un dessin à la plume lavé au bistre et rehaussé de blanc, par *F. Gérard,* pour le frontispice du Virgile imprimé par Didot.

264. — Vue de la décoration de la salle du trône, au château des Tuileries, sous l'empire; dessin à la plume et colorié, par *Percier,* architecte.

265. — Une très jolie gouache; paysage.

266. — Sous ce numéro les articles omis.

Sous presse, pour paraître en mars prochain,

Chez DEFER, Marchand d'Estampes,

Catalogue d'une nombreuse collection de dessins à l'aquarelle et à la gouache, de maîtres français, allemands et anglais, de la fin du XVIIIe siècle et contemporains. Douze mille lithographies, formant une collection unique des productions des artistes et amateurs qui ont dessiné sur pierre, tant en France qu'à l'étranger, et parmi lesquelles on remarque les œuvres entièrement complets de MM. Horace Vernet, Charlet et Géricault. Ces collections ont été réunies par les soins de *M. Bruzard*, et se vendront aux enchères, par suite de son décès, dans le courant d'avril prochain.

www.ingramcontent.com/pod-product-compliance
Lightning Source LLC
Chambersburg PA
CBHW060911050426
42453CB00010B/1661